LE MEILLEUR CADEAU DE TOUS LES TEMPS

Une lettre de Dieu à Noël

LE MEILLEUR CADEAU DE TOUS LES TEMPS

Une lettre de Dieu à Noël

Fyne C. Ogonor

Copyright 2021 par Fyne C. Ogonor

www.FyneOgonor.com

fyneauthor@gmail.com

Tous droits réservés. Aucune partie de ce livre ne peut être reproduite, stockée ou transmise par quelque moyen que ce soit, auditif, graphique, mécanique ou électronique, sans l'autorisation écrite de l'éditeur et de l'auteur, à l'exception de brefs extraits utilisés dans des articles critiques et des revues. Toute reproduction non autorisée de n'importe quelle partie de cet ouvrage est illégale et est punissable par la loi.

.

Numéro de contrôle de la Library : 2021916151

ISBN : Couverture souple 978-1-951460-34-1

       Livre électronique 978-1-951460-35-8

Ronval International, LLC

Atlanta, Géorgie, États-Unis

www.ronvalinternational.com

Dédicace

Je dédie ce livre, *Le Meilleur Cadeau de Tous les Temps*, à la gloire de Dieu, le Père, Son Fils et le Saint-Esprit.

Je dédie également ce livre à tous les ambassadeurs du « Message de la Bonne Nouvelle ». Et à tous les garçons et filles qui lisent ce livre. Puissiez-vous lire avec compréhension, et être toujours guidés par l'Esprit saint de notre Seigneur. Amen.

Remerciements

Tout d'abord, je remercie le Dieu tout-puissant pour sa grâce envers l'humanité à travers notre Seigneur et sauveur, Jésus-Christ, qui a payé un prix sacrificiel pour nous racheter. Notre Seigneur Jésus a donné sa vie, et est ressuscité de la tombe pour sauver l'humanité pour l'éternité. Père, que ton nom soit toujours glorifié.

Je remercie tous ceux qui ont participé à la réalisation de ce livre. Les évaluateurs, du script de ce livre : Elder Ronald Sullivan, Pastor R. Woke, Mme Stephanie C. Schloss, et bien d'autres. Merci, merci, merci. L'équipe de rédaction et de conception : Engr. S. O. Schloss, P. Prophet, Valerie U. Ogonor, Mme R. Best, Ronval Illustrators et tout le personnel de Ronval International, LLC. Merci ! Que Dieu vous bénisse tous.

Table des matières

Introduction 9

Première partie 12

Vive le vent! 13

La maison de Praise...................................... 17

Réveillon de Noël 21

La tradition familiale des Johnson 23

Le Matin de Noël 25

La lettre spéciale 29

Qu'est-ce que Pâques? 37

Deuxième partie 42

La vision Nocturne de Praise 43

La Fête de Noël se poursuit 55

Le Dîner de Noël 61

Pourquoi Noël 67

Comment célébrer Noël 73

Pourquoi offrons-nous des cadeaux à Noël 75

Troisième partie 78

Premier jour d'école après le Nouvel An 79

La Croisade..83

Noël..87

Leçons morales de cette histoire 91

Une missive de l'auteur...................................95

Questions...99

Introduction

Le Meilleur Cadeau de Tous les Temps est l'histoire d'un roi, d'un prince de la paix et d'un amoureux des âmes qui par amour, a payé une peine sacrificielle pour ses citoyens. Il a subi le châtiment qui leur était dû, même si les citoyens méritaient d'être punis pour leur désobéissance.

Le livre raconte l'histoire de ce roi, comment il est apparu, pourquoi il a fait ce qu'il a fait, et pour quel bénéfice.

Il raconte également comment le don du roi a affecté une jeune fille, dont la mission est devenue d'annoncer le roi au monde, pour que le monde adopte et bénéficie des voies de ce roi.

En outre, ce livre ne se contente pas de donner un compte rendu complet de ce roi gracieux, aimant et gentil et de sa vie sur Terre et au-delà, il comprend également de nombreux autres points d'enseignement. Certains d'entre eux, si ce n'est tous, ont motivé la petite fille, Praise à parcourir le monde pour témoigner de l'histoire merveilleuse de ce célèbre roi unique en son genre.

Comment la mort de ce grand roi a-t-elle consolé la petite fille, Praise, après la mort de l'un de ses parents ? Comment a-t-elle concilié les deux morts, la mort sacrificielle et la mort naturelle ?

En tant qu'enfant privilégié de Dieu, l'histoire de Praise vous aidera à vous familiariser avec la voix de Dieu. Elle vous apprendra également à identifier un ange de Dieu et un esprit familier. Qu'est-ce qui fait la différence ?

En outre, pour tout enfant spirituellement doué, cette histoire t'aidera à comprendre que tu es spirituellement privilégié, et non maudit.
Ce livre aidera également les parents et les tuteurs à travailler avec un enfant spirituellement privilégié, à nourrir le don spirituel de l'enfant et à protéger l'enfant et son don spirituel.

De plus, ce livre, *Le Meilleur Cadeau de Tous les Temps*, révèle l'avantage d'éduquer nos enfants dès leur plus jeune âge sur les questions spirituelles afin que, lorsqu'ils grandissent, leur fondement de vérité soit leur guide à tout moment. Ils ne seront pas facilement emportés loin de leur fondation lors des épreuves et des tentations. Lisez avec anticipation. Que Dieu vous bénisse et vous donne de la compréhension pendant que vous lisez ce livre.

Première partie

Vive le vent !

La période de Noël a été le meilleur moment de l'année à l'école primaire Sunshine. Ce fut un moment mémorable pour chaque enfant, une période pour beaucoup d'activités joyeuses.

Les activités allaient des fêtes de classe aux séances de photos, en passant par les concerts de théâtre, de la chorale et de la fanfare, les spectacles de talents et le préféré de Thomas, la chorale de Noël au centre commercial. À la fin de la chorale, les enfants étaient autorisés à s'asseoir sur les genoux du Père Noël et à prendre des photos. Ils pouvaient aussi dire au Père Noël ce qu'ils souhaitaient comme cadeaux de Noël.

Une semaine avant Noël, la chorale de l'école élémentaire Sunshine s'est rendue au City Mall pour se produire, comme d'habitude. À la fin du concert, les élèves ont été conduits à la station du Père Noël pour prendre des photos. Alors que les enfants sautaient l'un après l'autre sur les genoux du père Noël, celui-ci leur a demandé ce qu'ils voulaient pour Noël.

Les enfants murmurent à l'oreille du Père Noël leurs désirs les plus chers en matière de cadeaux de Noël, et Mère Noël nota le nom de chaque enfant et le cadeau demandé sur son petit bloc-notes. Certains enfants voulaient une bicyclette, d'autres des voitures ou des camions miniatures, des poupées Barbie, des ours en peluche, des jeux, des livres d'histoires et tant d'autres objets que les enfants veulent s'approprier, quelque chose qui leur appartienne.

Aucun des enfants n'a demandé de vêtements ou de chaussures, des choses qu'ils savaient que leurs parents pouvaient leur procurer les jours ordinaires. Les enfants voulaient quelque chose de différent qui leur donnerait un sentiment d'appartenance.

Pendant ce temps, une petite fille de la grande section nommée Praise se tenait au coin de la rue, observant et écoutant ce que les autres enfants demandaient.

Tout le monde prenait des photos avec le Père Noël, mais Praise restait là, seule, comme si elle ne faisait pas partie du groupe. Son professeur de musique l'a persuadée d'aller prendre une photo avec le Père Noël. Voyant que Praise hésitait, Mère Noël lui a fait signe de s'approcher.

Alors que Praise s'assoit sur les genoux du Père Noël, celui-ci lui demande : « Petite fille, que veux-tu pour Noël ? »

Praise rassemble ses pensées pendant un moment, prend une profonde inspiration, se repositionne sur les genoux du Père Noël, puis place sa paume autour de sa bouche et murmure au Père Noël : « Je veux que Dieu ramène mon papa ».

« OK. Donc, ton père est un soldat ? Où était-il déployé ? »

Praise répondit : « Non, Dieu l'a emmené loin de nous. »

« Qu'est-ce que tu veux dire par là ? » demanda le Père Noël.

« Il est mort. Dieu l'a enlevé », répète-t-elle. « C'est ce que je veux pour Noël. »

Le Père Noël et la Mère Noël se regardèrent, sans voix.

Praise regarda le Père Noël et dit : « Je suppose que c'est un cadeau que vous ne pouvez pas donner, n'est-ce pas ? ". Elle descendit des genoux du Père Noël avec tristesse et s'en alla.

Instantanément, l'atmosphère changea ; la joie de Noël et les sourires disparaissent des visages de ceux qui se trouvent autour du périmètre. Les élèves et les enseignants s'en vont pour retourner à leur école, tranquillement et tristement.

La maison de Praise

Après l'école, Mme Benson, la professeur de musique de Praise, a décidé d'emmener Praise chez elle pour rendre visite à sa famille.

Au son de la sonnette, Mme Johnson, la mère de Praise, descendit pour ouvrir la porte. Mme Benson et elle se sont saluées. Praise courut faire un câlin à sa mère. Elle la serre très fort dans ses bras et ne voulait plus la lâcher.

« A-t-elle manqué le bus scolaire ? » demanda sa mère.

« Non, elle ne l'a pas manqué. Je voulais juste la ramener moi-même à la maison pour m'assurer qu'elle allait bien », a répondu l'enseignante.

« Elle ne se sentait pas bien ? » Mme Johnson a demanda.

« Pas exactement », répondit Mme Benson.

Mme Johnson s'est tournée vers Praise et dit : « Chérie, pourquoi ne montes-tu pas à l'étage pour te changer ? Après t'être changée, va à la cuisine te chercher une glace. »

Praise courut jusqu'à sa chambre pour faire ce que sa mère lui avait demandé. Sa mère avait besoin d'un peu d'intimité avec son professeur.

Mme Johnson invita Mme Benson à s'asseoir avec elle dans le salon et lui demanda : « Mme Benson, tout va bien ? »

« Pas exactement, Mme Johnson. Praise est très différente depuis un certain temps maintenant. Depuis le début du trimestre, elle n'est plus elle-même, elle semble très repliée sur elle-même. » Elle a décrit ce qui s'était passé au centre commercial.

« Merci beaucoup pour votre intérêt et votre attention », a répondu Mme Johnson. « Au début de l'été dernier, son père est décédé. Le choc a affecté sa personnalité. Cela a été dur pour nous tous, mais surtout pour Praise. Elle est la plus jeune et était la plus proche de son père. »

« Je suis vraiment désolée d'entendre ça », répondit Mme Benson.

« Merci. Même à la maison, la plupart du temps, elle s'enferme dans sa chambre et ne parle à personne. Je ne sais pas quoi faire. »

« Avez-vous envisagé de consulter un conseiller ? »

Mme Johnson répondu : « Eh bien, j'ai pris rendez-vous avec notre pasteur pour les jeunes. Nous le verrons dans quelques jours. »

« D'accord, si vous avez besoin de moi pour quoi que ce soit, n'hésitez pas à faire appel », a répondu Mme Benson. Elle a fait ses adieux et a pris congé.

Réveillon de Noël

Le réveillon de Noël est le soir qui précède Noël. Chez les Johnson, l'extérieur et l'intérieur de la maison étaient joliment décorés avec des lumières et des ornements de Noël.

L'étoile au sommet du sapin brillait de mille feux, et les lumières clignotaient et scintillaient, jetant une lueur clignotante qui étincelait sur les ornements décoratifs. Toute la pièce était lumineuse et dégageait une atmosphère de beauté accueillante. On pouvait pratiquement sentir l'odeur de Noël dès qu'on entrait.

Toutes sortes de cartes de Noël étaient rassemblées sur le manteau au-dessus de la cheminée du salon. Il y avait des cartes de membres de la famille, d'amis, de voisins et d'autres sympathisants. Noël est vraiment une période joyeuse de l'année. Sous le sapin de Noël, il y avait des cadeaux de Noël emballés par les membres de la famille pour les enfants et pour les uns et les autres.

La famille Johnson avait une tradition selon laquelle toute la famille se réunissait chez ses grands-parents pour le réveillon de Noël. Cependant, cette année, comme le père de Praise n'était plus là, la famille avait décidé de se réunir chez Praise pour remonter le moral de sa famille. C'était le premier Noël sans leur père.

La tradition familiale des Johnson

Au réveillon de Noël, tous les membres de la famille, et parfois quelques amis et voisins, se réunissaient chez grand-mère et grand-père pour un dîner de réveillon.

Chaque famille apportait son plat de Noël et sa boisson préférés, ainsi que des desserts assortissent tels que de la tarte aux pacanes, gâteau aux fruits, gâteau au chocolat, assortiment de biscuits, pudding et glace à la vanille.

Après le dîner, ils se réunissaient autour du piano et chantaient des chansons de Noël pendant que la grand-mère de Praise jouait du piano. Tous les enfants attendaient toujours avec impatience le dîner du réveillon de Noël. Les enfants passaient leur temps après le dîner jouant des jeux de musique, tandis que les adultes s'asseyaient dans le grand salon de grand-père et grand-mère et discutaient presque toute la nuit.

Praise et Thomas, son frère, tout en partageant leurs souvenirs de Noël, étaient tous deux d'accord pour dire que même si Thanksgiving était un moment de bonheur en famille ensemble, Noël était leur période préférée de l'année.

Les enfants ont pu ouvrir les cadeaux de leurs grands-parents et d'autres membres de la famille pendant la fête, tandis que les cadeaux de leurs parents ne seraient ouverts que le matin de Noël.

Le Matin de Noël

Le matin de Noël, les autres membres de la famille dormaient encore, fatigués après la fête de la veille de Noël — mais pas Praise. Elle s'est réveillée très tôt et s'est rendue au sapin de Noël. Elle a fait le tour de la base, admirant les paquets cadeaux comme si elle n'en avait jamais vu auparavant.

Elle a pris un gros paquet avec son nom dessus. Elle était tentée de l'ouvrir, mais elle savait que sa mère ne serait pas contente d'elle si elle le faisait. Je me demande ce qu'il y a dans cette boîte pour moi, pensa-t-elle. Qu'est-ce que maman m'a offert ? J'aimerais pouvoir regarder à l'intérieur.

Praise a alors entendu la voix de son frère dans sa tête, « Maman va t'attraper, Maman va t'attraper ! » et elle a rapidement laissé tomber le paquet sous le sapin.

Ça n'a pas d'importance de toute façon. Je ne peux pas avoir ce que je veux vraiment pour Noël.

Dieu ne ramènera pas mon papa. Plus Praise y pensait, plus elle était triste. Je déteste ce Noël. Noël ne sera plus jamais le même sans mon papa. Il me manque tellement. Elle fondit en larmes, mais il n'y avait personne pour la consoler.

Soudain, elle entendit frapper à la porte. Elle s'apprêtait à monter chercher sa mère, mais elle a remarqué quelqu'un à travers la vitre de la porte, qui s'éloignait vers l'allée. Elle ouvrit la porte et un homme en costume trois-pièces blanc se retourna et lui fit signe en souriant. Juste devant la porte se trouvait un paquet avec une carte sur le dessus, adressée à son nom, Praise Destiny Johnson. Elle leva à nouveau les yeux mais l'homme n'était plus là.

Où est-il allé ? s'est demandé Praise. Je ne l'ai pas entendu partir en voiture... Il s'est peut-être garé dans l'autre rue. Mais si c'était le cas, il serait encore en train de marcher dans la rue. Praise ne pouvait s'empêcher de se demander qui était cet homme. Pour sûr, ce n'était pas le Père Noël. Je me demande pourquoi il n'a pas sonné à la porte, pour que ma mère vienne le voir. Elle a pris le cadeau et l'a porté à l'intérieur. Alors qu'elle déposait le paquet sur le canapé, elle a remarqué que sa mère descendait de l'escalier. « Maman, viens voir, je veux te montrer ça », dit Praise avec enthousiasme, en agitant la carte en l'air vers sa mère.

« Bonjour à toi aussi », répond sa mère d'un ton sarcastique.

Praise répondit : « Bonjour, maman, je suis désolée ! »

« Où as-tu trouvé ça ? » demanda sa mère.

« Un homme a frappé à la porte. S'il te plaît, maman, ne te fâche pas encore. Je n'ai pas ouvert la porte. Je venais te chercher, puis je l'ai vu partir. »

« Alors, tu as décidé d'ouvrir la porte ? »

« Oui, maman. Mais regarde ça. » Elle tendit la carte à sa mère.

« Elle t'est adressée, Praise. »

« Oui, et le cadeau aussi. »

« Tu as vu la personne qui les a déposés ? »

« C'était un homme en costume blanc. »

Elles se sont assises toutes les deux sur le canapé et ont ouvert la carte.

La lettre spéciale

La carte disait :

Ma Praise bien-aimée,

Ton papa t'aime beaucoup. À l'intérieur du paquet, j'ai deux cadeaux spéciaux pour toi. Cependant, ces cadeaux sont symboliques. Le véritable cadeau que je te présente se trouve dans l'histoire que tu vas lire dans la lettre qui se trouve sur le dessus de la boîte. S'il te plaît, enlève le papier cadeau, prend la lettre et lis-la avant d'ouvrir la boîte.

Praise déchira le papier cadeau à la hâte et trouva la lettre. Elle la donna à sa mère pour qu'elle l'ouvre, très impatiente de découvrir ce qui était écrit à l'intérieur.

Il était écrit :

Ma Praise bien-aimée,

Lorsque tu liras cette lettre jusqu'au bout, tu sauras qui a écrit cette lettre et pourquoi. Et quand tu auras fini de lire l'histoire contenue dans cette lettre, tu comprendras pourquoi ton père terrestre n'est pas avec toi en ce moment, physiquement. Cependant, il fera toujours partie de toi.

Comment tout a commencé : Au début, il y avait un univers sans forme. J'ai décidé de créer et d'y apporter de la beauté. Vers la fin de la création, nous avons décidé de créer un humain à notre image. Ainsi, le sixième jour, l'homme fut créé : un être parfait à notre image, appelé Adam, et sa compagne, appelée Ève. Tout était beau, et j'ai ordonné à l'homme de dominer sur toutes mes créatures.

Il ne fallut pas longtemps avant que le fils de perdition, le diable, ne remarque leur existence. Il vint souiller mes êtres parfaitement créés avec son ultime tromperie, un mensonge qui allait modifier à jamais le cours de l'humanité.

Adam et Ève ont péché et ont apporté la malédiction de la mort à l'humanité.

Alors, tu vois, mon enfant, j'ai créé l'homme pour qu'il soit en communion avec moi dans ce magnifique jardin. Je ne l'ai pas créé pour qu'il meure ! En raison de mon amour insurmontable et éternel pour l'humanité, j'ai élaboré un plan infaillible pour racheter l'humanité à moi-même. J'ai envoyé mon fils unique sur Terre pour qu'il prenne la peine de mort qui lui est due, afin que l'homme puisse retrouver son héritage d'immortalité, pour vivre éternellement, avec moi.

Le cœur douloureux, j'ai laissé mon Fils bien-aimé venir dans un monde non sauvé et non sécurisé, parce que je vous aime beaucoup.

À l'intérieur de la boîte, tu trouveras un bébé, une mère et un père, les parents terrestres de mon fils lorsqu'il est né dans une crèche. N'oublie pas que ces figures sont symboliques de ce qu'elles représentent. À l'intérieur de la même boîte, tu verras d'autres images représentant les Mages de l'Est, communément appelés les Rois Mages, avec leurs cadeaux offerts à ton Rédempteur, l'Enfant Jésus. Ces cadeaux sont de l'or, de l'encens et de la myrrhe. Ces cadeaux racontent l'histoire de sa vie sur Terre. Les trois cadeaux offerts à l'Enfant Jésus ont une signification spirituelle importante.

- *L'or : Symbolise la royauté sur Terre.*
- *L'encens : Un encens qui symbolisait une puissance supérieure, un Dieu.*
- *Myrrhe : Un onguent précieux normalement utilisé pour embaumer les cadavres.*

Pourquoi diable un enfant devrait-il recevoir comme cadeau d'anniversaire une huile d'embaumement utilisée pour un processus d'enterrement ? Continue à lire pour trouver la réponse.

La naissance de Jésus-Christ, ton Rédempteur, est la raison pour laquelle le monde célèbre Noël, en tant que symbole de sa naissance sur Terre. Noël ne concerne pas le Père Noël ni les rennes.

Noël, c'est le cadeau que j'ai fait à l'humanité. Le Rédempteur du monde n'était pas un être créé. Il était avant la création. Il a fait en sorte que tout ce qui a été fait existe, et il existera toujours, car il est Dieu. Il est omnipotent, omniprésent et omniscient. Il est immortel, sans commencement ni fin. Il était, il est, et il sera toujours.

Il y a longtemps, les chrétiens, les croyants et les disciples du Christ, avec des cœurs d'adoration envers Dieu, ont décidé de célébrer l'arrivée de leur

Rédempteur sur Terre, qui est le cadeau de Dieu le Père. Ils ont choisi une date humaine parce qu'ils n'étaient pas certains de l'heure et de la date réelles de l'arrivée du Sauveur sur Terre. Il n'y avait rien de mal à cela, mais leur bonne intention a été chamboulée par le grand séducteur, le menteur, le vieux serpent, le diable. Il a fait en sorte que l'humanité dilue l'effet de sa bonne intention, en apportant des objets utilisés dans une fête païenne; il a détourné l'attention de l'homme du don de la grâce de Dieu vers le Père Noël et les rennes.

Aujourd'hui, l'humanité a détourné son attention du Christ vers le Père Noël. Le Père Noël, les arbres de Noël et les rennes sont devenus plus populaires que Jésus-Christ à Noël.

Praise, mon enfant, dit au monde qu'il doit écouter ma voix, entendre la parole et obéir à mes ordres, car il est mon peuple et je suis son Dieu. « Mon Esprit vit en toi, le Saint-Esprit. » Incline tes oreilles à ses admonitions. Il doit t'enseigner toutes choses, et te révéler toutes choses. Écoute, soit attentive; ne te laisse pas séduire par l'ennemi. Accepte ce don spécial venu d'en haut et soit libre. Ne te laisse pas asservir par le péché. La liberté et la victoire sont entre tes mains.

La Deuxième Partie du Cadeau
Quelle est la signification de la croix ?

Ensuite, tu trouveras un autre symbole à l'intérieur de la boîte, qui représente la deuxième partie du cadeau de Dieu. On peut l'appeler un cadeau combiné, deux cadeaux en un. Un cadeau de Dieu le Père, et un cadeau de Dieu le Fils, réunis en un seul cadeau, le meilleur cadeau qui soit. Quel est le symbole ? Une croix.

La ligne verticale (I) représente le don de la grâce de Dieu le Père, sous la forme de son fils, Jésus-Christ. La ligne horizontale (—) représente le don du salut de Dieu le Fils, le Rédempteur et le Sauveur, Jésus-Christ. Le don du salut est le résultat de la crucifixion et de la résurrection du Rédempteur. Le don offre à l'humanité la victoire sur la mort, et la liberté d'hériter de la vie éternelle.

Jésus a été crucifié sur la croix. Il a saigné et est mort pour prendre le châtiment à la place de l'humanité. « Celui qui n'a pas connu le péché est devenu péché ».

Il a été enterré mais est ressuscité le troisième jour, afin que l'homme puisse vivre éternellement. Donc, tu vois, mon enfant, ton papa est endormi dans le Seigneur, et il ressuscitera de la mort; il se repose seulement pour un moment. Tu le reverras dans le royaume de ton Seigneur, où il n'y a ni mort, ni douleur, ni maladie, ni tristesse. Ne pleurez plus! Va et partage ton histoire avec le monde entier. Je serai toujours avec vous. Où que tu ailles, dans tout ce que tu fais, sache que mon amour est toujours avec toi.

Qu'est-ce que Pâques ?

Après avoir terminé la lecture de la lettre, Mme Johnson remarqua que Praise avait l'air perplexe, comme si elle était perdue. « Qu'est-ce qui se passe, chérie ? »

« C'est à propos de cette lettre », répond Praise.

« Qu'en est-il ? »

« Il semble qu'il y ait deux histoires là-dedans. »

« Oui ! » Sa mère était d'accord.

« Je comprends la partie sur Noël, mais la partie sur la croix, je ne comprends pas bien. Tu peux me l'expliquer, maman ? »

« Bien sûr. Pâques signifie la croix. »

« C'est quoi Pâques ? »

« La fête que nous célébrons du Vendredi saint au dimanche de Pâques. Tu sais, Noël est célébré comme l'anniversaire de notre Seigneur, Jésus, tandis que Pâques est la célébration de sa résurrection. »

« Oh, oui, je le sais ! Mais qu'en est-il du Vendredi saint ? »

« Le Vendredi saint est le jour où notre Seigneur a été crucifié sur la croix et enterré. Mais, le troisième jour, le premier jour de la semaine, le dimanche, Jésus est ressuscité. »

« Qu'y a-t-il de saint, maman ? Dis-moi, qu'y a-t-il de saint là-dedans ? »

« Ma chérie, je ne sais pas pourquoi le monde appelle cela le Vendredi saint. C'est peut-être parce que s'il n'avait pas été crucifié ce jour-là, il n'y aurait pas de salut pour l'humanité ni de vie éternelle. »

« OK, c'est logique », dit Praise, en hochant la tête. « Merci, maman, ça a beaucoup de sens. Maintenant, peux-tu m'aider à comprendre la partie "combo" du cadeau ? ».

« Certainement. » Sa mère prit la croix dans sa main et la souleva. Elle en toucha la partie verticale, l'I, et a dit à Praise : « Cette partie représente le cadeau que le Père Dieu a fait au monde, la Grâce, c'est-à-dire son Fils bien-aimé, Jésus, le Christ.

« Lorsque Dieu a créé l'homme, il l'a créé avec une volonté, qui est la liberté de choix. Même si Jésus est venu du ciel, Dieu sous la forme d'un homme, tant qu'il était un fils de l'homme sur la Terre, il avait la même liberté de choix. Il aurait pu choisir de ne pas mourir pour l'humanité s'il l'avait voulu et aurait pu se contenter de prêcher la repentance à l'humanité. S'il avait fait cela, il aurait dévié de sa destinée. Sa destinée sur Terre était de racheter et d'apporter le salut à l'humanité. Et ceci nous amène à la deuxième partie du don de la croix. La ligne horizontale est le don de Dieu le Fils, le don du Salut, qui est la mort et la résurrection de Jésus-Christ, afin que nous puissions vivre pour toujours.

« Dieu, dans son amour incommensurable pour l'humanité, a été miséricordieux et nous a envoyé la GRÂCE, Jésus-Christ. Par obéissance à Dieu le Père, le Fils bien-aimé de Dieu, devenu fils de l'homme, est mort sur la croix pour sauver l'humanité. Car c'est par la grâce de Dieu que l'homme a reçu le Salut, la vie éternelle. »

« Maman, cela signifie-t-il que Jésus est la grâce, et que le salut est la vie éternelle ? ".

« Oui. »

« Alors, cela explique pourquoi Jésus est le Sauveur de tous ceux qui croient en lui. »

« Exactement ! Voilà ! »

« Encore une chose, maman ! »

« Oui ? »

« Je sais que Jésus est la grâce, mais peux-tu simplifier la signification du mot « grâce » ? ".

« Certainement. La GRÂCE, c'est : Dieu rachète tous les chrétiens pour l'éternité. Cela signifie que tous ceux qui reçoivent la grâce de Dieu, Jésus, comme leur Sauveur personnel sont rachetés de la malédiction de la mort et hériteront de la vie éternelle.

Ils vivront dans la nouvelle Jérusalem qui descend du ciel, où Jésus, Dieu le Fils, sera notre Roi pour toujours. »

Praise sauta de joie, célébrant ce moment spécial et toutes les bonnes nouvelles contenues dans la lettre de Dieu.

« Tu comprends tout maintenant ? » demanda sa mère.

« Oui, oui, je comprends, et mon rêve aussi. »

« Quel rêve ? » demanda sa mère.

Deuxième partie

La Vision Nocturne de Praise

La sœur de Praise, Grâce, et son frère, Thomas, sont descendus pendant que Praise sautait de joie. Grâce, descendant l'escalier avec son attitude grincheuse et sarcastique habituelle qu'elle utilisait lorsqu'elle cherchait des ennuis, dit : « Pourquoi ce petit cerf sautille-t-il ? »

« Je ne suis pas un cerf. Si tu m'appelles petit cerf, cela fait de toi un grand cerf », a répondu Praise, et ils se sont tous mis à rire, y compris leur mère.

Thomas entra dans la cuisine en pleurnichant : « Il n'y a pas de petit déjeuner de Noël. Papa me manque. »

Leur mère l'entendit grogner, leva les yeux d'un air déçu et dit : « J'étais en train de préparer le petit déjeuner, quand ta sœur a attiré mon attention. »

Grâce et Tom ont commencé à reprocher à leur petite sœur pour le retard du petit déjeuner.

« Hé, arrêtez ! » dit Mme Johnson. « Pourquoi ne vous servez-vous pas les enfants ? Il nous reste beaucoup de choses d'hier soir. Trouvez quelque chose à manger pour tenir jusqu'au souper. Je vais préparer le repas de Noël tout de suite. »

Thomas continua à pleurnicher. « Le pain perdu de papa le matin de Noël me manque. »

Mme Johnson est devenue très furieuse et s'est exclamée : « D'accord, tu veux du pain perdu ? Je vais te faire du pain perdu. Tu peux oublier le dîner. »

« C'est bon, maman », dit Praise, en essayant de la calmer.

« J'en ai assez d'être invisible à tes yeux. Peu importe ce que je fais, ce n'est jamais assez. Arrête de me comparer à ton père. Vous n'êtes pas les seuls à qui il manque, il me manque aussi. »

Lorsque leurs émotions se sont calmées, Praise a dit : « Nous devons faire des changements dans cette maison. Papa avait raison, ce qu'il m'a dit hier soir. »

Grâce et Thomas se dirigeaient déjà vers la cuisine pour aller engloutir de la nourriture. Quand ils ont entendu Praise parler de leur père, ils se sont retournés et ont demandé : « Qu'est-ce que tu as dit ? » Praise a eu un lapsus ; ce qu'elle voulait dire était l'ange de papa. Mais elle ne s'est pas corrigée.

« Venez les enfants, la nourriture peut attendre. Vous n'allez pas mourir si vous ne mangez pas maintenant. Venez voir pourquoi je n'ai pas préparé votre petit déjeuner. »

Thomas et Grâce se rapprochèrent anxieusement pour entendre ce dont leur mère parlait. Leur mère poursuit : « Dieu a envoyé une lettre à votre sœur. »

Thomas et Grâce éclatent de rire. « Tu veux vraiment qu'on croie ça ? » demanda Grâce.

Praise souleva la boîte qui contenait tous les cadeaux. « La lettre est venue avec ces cadeaux, et une carte aussi. »

Les trois enfants sont venus embrasser leur mère en s'excusant. « Nous sommes désolés, maman, pardonne-nous. » Et ils ont tous pleuré, sauf Praise.

« Qui a apporté le cadeau ? » demanda Grâce.

« Oui ! » Thomas ajouta.

Mme Johnson regarda Praise en disant : Dis-leur ! » sans dire un mot.

« Dieu a envoyé un ange dans un costume blanc trois-pièces. Même sa chemise et sa cravate étaient blanches. »

Thomas l'interrompit : « Ce n'est pas un ange. C'est le Père Noël sans son uniforme, imbécile. »

Mme Johnson répliqua : « Qu'est-ce que je vous ai dit sur les injures ? »

« Je lui pardonne », répondit Praise. « Il est juste ignorant. »

« Et où as-tu appris ce mot ? » demanda leur mère.

« De ma professeur, Mme Benson. Je l'ai cherché, alors je sais ce qu'il signifie. »

Grâce entra dans le salon, arracha la carte à Praise, puis s'assît sur le canapé, prit une profonde inspiration et dit : « Pour moi, ce qui m'intéresse, c'est d'entendre ce que papa lui a dit hier soir. En fait, ça devrait être ce matin, vu que c'était déjà le matin quand nous nous sommes couchés, après que tous les invités soient partis. »

Après toutes les interruptions, Praise poursuivit : « Tout d'abord, maman, tu es la meilleure mère du monde entier, et je t'aime beaucoup. Ma grande sœur, Grâce, mon petit grand frère, je vous aime aussi tous les deux. »

»'petit grand', ce n'est pas un Français correct", intervint Thomas.

Sa mère se lève et fit un câlin à Praise. Elle se rassit et dit : « D'accord, ma chérie, peux-tu maintenant tout nous raconter la nuit dernière ? Ta sœur et ton frère ont hâte de savoir ».

« Oui ! » dit Thomas. « Commence par la lettre de Dieu que le Père Noël t'a envoyée. »

Praise répondit : « Maman et moi avons lu la lettre ; c'est une histoire trop longue. »

Leur mère hocha la tête.

« Cependant », poursuivit Praise, je vais commencer par l'ange, pour que vous compreniez que ce n'était pas le Père Noël sans son uniforme. »

« Comment le sais-tu ? » demanda Thomas.

« Maman, s'il te plaît, tu peux dire à Thomas de ne plus m'interrompre ? »

« Tu as entendu ta sœur. »

« Maintenant, avant de continuer, à partir de maintenant,

Thomas, tu ne peux plus m'appeler par des noms comme tête de linotte, idiote, ou stupide. En plus de Praise, tu peux m'appeler par mon nouveau nom, Bien-Aimé de Dieu, ou Louange à Dieu. »

« Mais ça fait deux », interrompit Thomas.

« C'est la même chose », répondit Praise.

« Comment as-tu eu ces noms ? » demanda Grâce.

« De Dieu, bien sûr ! La première fois, il m'a dit : "Tu es ma fille bien-aimée". Et la deuxième fois, il m'a dit : "Tu es une louange de Dieu".

Elle avait capté l'attention de tous, et ils étaient impatients d'en savoir plus. "Pour en revenir à mon histoire, si la personne que j'ai vue avait été le Père Noël sans son uniforme, elle aurait été plus grande en taille que l'ange. Deuxièmement, Dieu m'a dit dans un rêve la nuit dernière qu'il m'envoyait un paquet dans la matinée, et que je devais m'assurer de lire la lettre à l'intérieur de la boîte. Alors, je lui ai demandé, quel genre de lettre ? Il m'a répondu : 'C'est un cadeau spécial de ma part pour toi'. Il a aussi dit qu'après avoir lu la lettre, je comprendrais pourquoi mon père n'est pas avec nous maintenant.

'Et encore une fois, il m'a dit : 'Ton père est endormi dans le Seigneur, tu le reverras'. Je lui ai demandé quand, et il m'a répondu : 'Au bon moment'. J'ai senti sa main frotter ma tête, et la Présence a disparu. J'ai commencé à le chercher, mais je ne pouvais plus le sentir ni l'entendre.

Alors que je me dirigeais vers le couloir, j'ai vu un visage familier et entendu une voix familière. Nous sommes entrés tous les deux dans le bureau de papa, et j'ai voulu m'asseoir sur ses genoux, pensant que c'était papa, avant de réaliser que papa n'est plus. Il m'a dit : 'Non. Cette fois, tu vas t'asseoir sur la chaise, parce que je veux te parler'. Nous nous sommes assis tous les deux sur les chaises d'étude de papa, et il a dit : 'Ma puce', comme papa avait l'habitude de m'appeler," tu sais que ton papa t'aime beaucoup ». Notre Dieu est souverain et parfait dans ses voies. Il fait tout pour les bonnes raisons, même quand c'est difficile à comprendre ».

« Je lui ai demandé comment il se fait qu'il nous ait enlevé notre père, et il m'a répondu : « En fait, c'est la raison pour laquelle nous devons avoir cette conversation. Dieu ne te l'a pas enlevé, il restera toujours une partie de toi. » J'ai demandé s'il allait nous faire du pain perdu le matin. Il a répondu : « Désolé, ça n'arrivera pas. Il ne sera peut-être pas là avec toi physiquement, comme avant. Cependant, si tu as envie de lui parler ou de faire des choses avec lui, ouvre la boîte à trésors appelée mémoire. Là, tu pourras voir et entendre sa voix. Où se trouve cette boîte à trésors, et comment puis-je y accéder ? ai-je demandé.

"Il m'a dit que la boîte à trésors de la mémoire se trouve dans mon esprit, tandis que la clé se trouve dans mon cœur. Tu peux y accéder en restant silencieux pendant un moment, en permettant au souvenir de papa d'entrer, puis, quel que soit ton besoin de papa à ce moment précis, il apparaîtra dans le chemin de la mémoire.

'Cependant, il m'a dit que pour en bénéficier, nous devons cesser d'être tristes chaque fois que nous nous souvenons de papa, et il m'a dit de vous le dire à tous. Il m'a dit : 'Soyez heureux chaque fois que vous pensez à lui, pensez à tous les bons moments partagés, et votre cœur sera joyeux'. J'ai demandé : 'Êtes-vous mon papa ? L'homme était silencieux, alors je lui ai dit que je demandais parce qu'il lui ressemblait et qu'il parlait comme lui, mais papa nous a dit que les morts ne savent rien. Alors j'ai demandé : 'Alors, qui es-tu ? Et qu'est-ce que tu fais ici ? Et est-ce que je te reverrai un jour, je veux dire, est-ce que je reverrai mon papa un jour ?

Il m'a répondu : 'Oui, tu le reverras. Je suis un messager de Dieu. Oui, tu me verras aussi souvent que nécessaire sous différentes formes, et oui, tu reverras ton papa au retour du Seigneur. Ton père t'a bien enseigné, tu connais la vérité de la parole. Je dois partir maintenant. N'oublie pas que tu es très aimée, mon petit chou.

'Après son départ, je me suis réveillé, et j'étais dans mon lit.'

'Wôw ! C'est incroyable, Praise !' s'exclame sa mère.

Les frères et sœurs de Praise sont restés étonnés pendant un moment. Après quelques instants, sa sœur Grâce a rompu le silence.

'Praise, tu as dit que Dieu t'a donné ou t'as appelé par des noms, mais je n'en ai entendu aucun dans l'histoire.'

Thomas approuva. 'Ouais !'

'Maman, tu as compris, hein ?' Praise demanda à sa mère.

'En fait, je ne t'ai pas entendu mentionner cette partie dans l'histoire de ton rêve.'

'Ce n'était pas dans le rêve, c'est dans la lettre', a répondu Praise.

'Où est-elle ?' Leur mère rouvrit la lettre.

'Il l'a dit à plusieurs reprises', a souligné Praise.

'Vraiment ?'

'Oui.'

En effet, Dieu avait dit 'ma bien-aimée' plusieurs fois.

Mme Johnson le confirma et montra la lettre à Grâce et Thomas.

Qu'en est-il de 'Une louange à Dieu' ? demanda Grâce.

'Il m'a appelée 'mon enfant', à plusieurs endroits aussi'.

'Et qu'est-ce que ça a à voir avec une louange à Dieu ?'

'Est-ce que je dois aussi t'expliquer les choses les plus simples ?'

'Qu'est-ce que tu veux dire par là ?' demanda Grâce.

'C'est parce que j'attendais ça de Thomas, mais pas de toi.'

'Maman, elle me traite de tête de mule !' Thomas se plaignit.

'Les enfants, pas de bagarre aujourd'hui', intervint leur mère. 'Maintenant, explique ce que tu veux dire, parce que je n'ai pas vu ça non plus.'

' Il a dit encore et encore : 'Louez mon enfant' et 'ma Praise bien-aimées'. Si je suis son enfant, et que mon nom est Louange, cela signifie que je suis une Louange pour lui.'

Ils éclatèrent tous de rire.

'Tout à coup, ma petite sœur est devenue la sage.'

'Savez-vous à quoi je pense ?' demanda leur mère.

'Non', répondent-ils en chœur.

'Je suis convaincue que Dieu a transmis la sagesse à votre sœur hier soir lorsqu'il a touché sa tête. Ses paroles et sa communication sont si mûres maintenant.'

'Elle est comme une personne différente', commenta Grâce.

'Ouais !' Thomas ajouta.

Il y avait une joie contagieuse dans la pièce entre eux.

Praise a commencé une chanson, et ils se sont tous joints au chant.

' Écoutez, le chant des anges, vient d'éclater dans les airs...'

Après le chant, ils se sont souhaité un joyeux Noël, se serrant dans les bras.

La Fête de Noël se poursuit

" Maman, pouvons-nous ouvrir nos cadeaux maintenant ? » demanda Thomas.

Mme Johnson secoue la tête. « Les enfants, vous ne mangez pas ? Vous devez d'abord aller manger. »

Grâce dit : « Maman, tu n'as pas besoin de cuisiner, il y a plein de restes d'hier soir. » Thomas et Praise étaient tous deux d'accord.

« Si c'est le cas, je vais vous faire votre pain perdu », dit leur mère en souriant.

Tous les enfants se sont réjouis.

« Tout le monde montez, prenez un bain et habillez-vous pour la fête de Noël pendant que je fais le pain perdu. Après avoir mangé, nous ouvrirons nos cadeaux. »

Les enfants courus joyeusement à l'étage pour faire ce qu'on leur avait demandé, et leur mère entre dans la cuisine pour préparer leur brunch.

Pendant que les enfants mangeaient leur pain perdu, ils ont partagé des souvenirs de leurs expériences de Noël passées avec leur défunt père. Ils rigolaient aux blagues des uns et autres. Ils ont partagé les blagues de leur père et ont parlé de sa chanson de pain perdu de Noël composée avec désinvolture.

Alors qu'ils étaient sur la voie des souvenirs, se remémorant leur vie avec leur père, Grâce demanda : « Est-ce que tu ressens ce que je ressens ? ».

« Qu'est-ce que tu ressens ? » demanda Thomas.

« J'ai l'impression que papa est ici avec nous », répondit Grâce. « Je n'ai plus l'impression qu'il me manque. »

« Moi aussi », dit Thomas. « J'ai des papillons dans le cœur. » C'était la façon de Thomas de dire que son cœur était joyeux.

Praise s'exclame : « Bien sûr ! L'ange a dit qu'il fait toujours partie de nous. Je suis tellement reconnaissant que nous soyons à nouveau ensemble quand Jésus reviendra ».

« Praise, tu sais, je n'aurais jamais pensé dire ça un jour, mais ton rêve a tout changé ; nous avons à nouveau de la joie et des rires dans cette famille », dit Grâce en souriant à ses frères et sœurs.

Praise sursauta soudainement. « Oh ! Il y a autre chose que j'ai oublié. »

« Quoi ? » demanda Thomas.

« L'ange de papa, le messager, a dit que nous devrions lire la parole de Dieu tous les jours. Et que nous devrions continuer à faire la louange et l'adoration comme nous le faisions avant, que Dieu aime ça. Et que nous ne devrions pas sauter les dévotions du matin et du soir. Nous devrions aussi aimer tout le monde, et quand nous ferons cela, nous serons toujours en amour avec Dieu. »

À la fin du repas, Thomas a vu leur mère arriver par l'escalier et a annoncé en plaisantant : « La reine est arrivée, il est temps d'ouvrir nos cadeaux de Noël ! » Ils ont tous ri et se sont alignés près de l'escalier, saluant leur mère comme une reine.

En ouvrant leurs cadeaux, ils ont pris des photos les uns des autres, comme d'habitude. Tout le monde est heureux. Au milieu de leur célébration, Grâce s'est adressée à leur mère et dit : « Maman, je parle au nom de tous les enfants, merci beaucoup pour tout ce que tu fais pour nous. Cela n'est jamais passé inaperçu. Nous t'apprécions toujours, et nous t'aimons beaucoup. Ça peut ne pas sembler être le cas parfois, mais c'est vrai. À partir d'aujourd'hui, nous te promettons que les choses vont changer ici pour le mieux. »

Les autres enfants ont répondu : « Oui, nous le promettons. »

Leur mère était très touchée par ce qui venait de se passer, et des larmes de joie ont coulé de ses yeux. Elle s'est levée et a pris les enfants dans ses bras; ils l'ont tous entourée d'un câlin. « Je vous aime les enfants plus que je n'aime ma propre vie, et vous me rendez toujours fière ». Après l'accolade, ils ont pris un selfie ensemble.

Mme Johnson a remarqué qu'il y avait quelque chose de différent chez ses enfants. Il semblait que l'atmosphère avait changé entre l'heure précédente et ce moment précis. Elle ne comprenait pas ce qui était arrivé à ses enfants pendant l'heure où elle les avait laissés en bas, mais elle aimait ce dont elle était témoin et ne le remettait pas en question. Son cœur était rempli de joie. « Merci, Jésus ! » est tout ce qu'elle a pu dire, à plusieurs reprises.

Le Dîner de Noël

Il était 17 heures et la famille Johnson se réunit autour de la table à manger pour leur dîner de Noël. Mme Johnson avait préparé un délicieux repas avec les restes de la veille de Noël avec leur grande famille. L'arôme de la nourriture sentait si bon, c'était magnétique. Thomas ne pouvait pas attendre de le dévorer. Alors, avec empressement, il suggère : « Pouvons-nous arrêter de parler et de prier pour pouvoir manger ? La nourriture devient très impatiente. »

Les autres ont ri de sa proclamation, puis Grâce dite : « Tu veux dire que tu t'impatientes. Il agit comme s'il n'avait rien mangé aujourd'hui. »

Leur mère leur a donné la permission de faire leurs remerciements individuels après la bénédiction du repas, mais ils ne devaient pas parler la bouche pleine, pour ne pas s'étouffer. « Praise, peux-tu nous faire l'honneur de bénir ce repas ? » demanda leur mère alors qu'ils se tenaient tous la main.

Alors que Praise s'apprêtait à commencer la prière, Thomas l'interrompit : « Fais court. »

Praise commença :

« Dieu le Père, nous te remercions d'avoir fait de ce Noël le meilleur Noël de tous les temps. Nous te remercions pour le don spécial de ta grâce, notre Seigneur et Sauveur, Jésus-Christ. Père, je te remercie beaucoup de m'aimer tellement que tu m'as envoyé une lettre spéciale, avec tous les cadeaux qui l'accompagnent, et la carte aussi. Remercie l'ange qui m'a remis le cadeau, et le messager de mon père. Ta sagesse nous a permis de mieux comprendre Noël.

« Je promets de faire ce que tu m'as demandé de faire. Mais, Père, fais-moi une faveur : touche mes lèvres comme tu as touché le prophète Jérémie, et aide-moi à être toujours audacieuse. Je n'aurai pas peur, car je sais que tu seras toujours avec moi.

« Nous sommes tellement reconnaissants à notre Seigneur, Jésus, d'avoir accepté son destin pour que nous puissions obtenir la liberté. Nous te remercions, notre Sauveur. »

Thomas s'éclaircit la gorge en guise de signal pour mettre fin à la prière.

Praise continua, « Cher Père céleste, j'ai apprécié ta visite hier soir, merci. J'aimerais pouvoir te voir, mais ce n'est pas grave. Mon père m'a dit quand j'étais petite que personne ne peut te voir et vivre. Ton toucher sur ma tête m'a assuré que tu étais le bon. Et encore une chose… »

Grâce et Thomas ont chacun pris une grande inspiration.

« Père, parfois nous nous comportons mal — pardonne-nous. Et pardonne à mon frère, Thomas, qui préfère manger plutôt que de te montrer sa gratitude. Tu sais qu'il est ignorant en matière de spiritualité. Je prie pour que tu lui donnes un peu de ta sagesse divine et qu'il devienne sage comme le roi Salomon. Et pour ma sœur, Grâce, merci de lui donner l'intelligence pour qu'elle puisse aider Thomas à faire ses devoirs. Mon Père, c'est une demande spéciale que je t'adresse, permette à notre mère de rester avec nous très longtemps. Merci pour mon papa, et pour l'espoir de le revoir, merci « Et maintenant, je te remercie pour le repas qui nous attend ; bénis les mains qui ont préparé cette nourriture ; et bénis cette nourriture, afin qu'elle nourrisse nos corps, au nom de Jésus, nous te prions. Amen. »

Les autres répondus « Amen ».

Mme Johnson a serré la main de Praise. « Wôw ! C'était puissant. Ma petite fille a grandi. »

« Non, maman, je suis toujours ta petite fille, mais je suis plus mûre spirituellement. »

« Oui, tout à fait », approuva Mme Johnson.

« Merci, Praise, tu as bien prié pour moi », dit Thomas d'un air penaud.

Grâce rit de surprise et dit : « Maman, tu as entendu ça ? Thomas a fait un compliment à Praise, avec un merci ! Dieu est vraiment dans cette maison, c'est sûr. »

Mme Johnson sourit à ses enfants. « Si c'est un rêve, je n'ai pas envie de m'en réveiller. »

« Maman, réveille-toi ! » dit Grâce, et ils rient tous. « Je ne me souviens pas de la dernière fois où nous avons été aussi heureux de parler. »

« Pas depuis... » Thomas s'est arrêté avant d'avoir pu s'exprimer.

Praise attrapa sa main. « Tu peux le dire, c'est bon. Pas depuis que Dieu a transféré l'esprit de papa au ciel. »

Tu veux dire « s'est endormi dans le Seigneur » ? a demandé Grâce. Leur mère l'a regardée, et ils ont laissé faire.

Après le dîner, elles ont chanté des chansons de Noël, et leur mère a joué du piano. Ils ont ri toute la nuit. C'était un Noël qu'elles chériront et dont elles se souviendront toujours.

Pourquoi Noël ?

Il y a longtemps, les croyants et les disciples de Jésus-Christ, appelés chrétiens, ont décidé d'honorer leur Seigneur en célébrant son anniversaire. Cependant, ils n'avaient aucune idée de la date exacte de sa naissance, alors ils ont eu une idée géniale, ont-ils pensé.

Les élites du bercail chrétien se sont réunies pour discuter de la question.

Pour quoi ne pas choisir une date dans un mois particulier, et chaque année, nous célébrerons l'anniversaire de notre Seigneur ce jour-là ?

Tous ceux qui se sont réunis dans cette convention ont dit : « Oui, il en sera ainsi. »

ÉVÊQUE : Si c'est le cas, pourquoi ne choisissons-nous pas de le célébrer le dernier mois de l'année, et je pense que nous devrions la célébrer le 25 décembre

Le révérend a rapidement soutenu l'idée de l'évêque, et certains membres de l'auditoire les ont appuyés.

L'évangéliste a raisonné l'idée, et il n'était pas à l'aise avec elle. Il était troublé !

PASTEUR : Quel est le problème, évangéliste ? S'il vous plaît, faites-nous connaître votre point de vue, pourquoi cette idée vous met mal à l'aise ?

ÉVANGÉLISTE : Avec plaisir ! Tout d'abord, le christianisme est une nouvelle religion que beaucoup n'ont pas encore embrassée. Deuxièmement, c'est une occasion privilégiée d'être un chrétien. Troisièmement, nous avons une grande mission qui nous a été assignée par notre Seigneur. Nous sommes distingués dans le monde. Il est de notre devoir de mettre en valeur ce qui nous distingue, pour que le monde voie l'évidence : la différence entre la lumière et les ténèbres.

Il y avait des murmures et des grognements dans la maison, parce que les gens ne comprenaient pas où il voulait en venir avec ses vues.

Un ancien au milieu d'eux se leva pour les calmer.

AÎNÉ : Paix ! La paix dans la maison !

Instantanément, le calme régnait dans la salle de réunion.

AÎNÉ : Nous devons écouter l'évangéliste. Ses propos sont très sensés. Je crois qu'il est sur le point de révéler quelque chose que nous devons tous savoir. Évangéliste, continuez votre discours ; toute autre personne prendra la parole après vous.

ÉVANGÉLISTE : Merci beaucoup, mon aîné. Comme je le disais, nous sommes la lumière du monde, et notre mission est d'éclairer le monde avec notre lumière afin d'éliminer les ténèbres, pour que le monde puisse voir la gloire de Dieu. Maintenant, permettez-moi de vous faire part de mes préoccupations concernant la date. Je ne suis pas contre le fait de célébrer la naissance de notre Seigneur, Jésus-Christ. Célébrer son arrivée sur Terre est une autre façon de l'honorer. Ce qui m'inquiète, c'est la date choisie. Le vingt-cinq décembre est déjà choisi pour une fête païenne, la célébration de leur dieu du soleil. Nous ne devrions pas nous mêler à une fête païenne, pour éviter toute confusion. Je suggère que nous choisissions une autre date.

PASTEUR : L'évangéliste dit la vérité; nous devons l'écouter, mes frères. Peuple de Dieu, pesons bien cette chose avant de nous décider. C'est une question délicate.

ÉVÊQUE : Qu'y a-t-il de si délicat dans une simple décision qui doit être prise ? Je sais que Dieu sera heureux que nous honorions son fils bien-aimé de cette façon. La différence : Les païens font une fête pour leur dieu du soleil, et nous, chrétiens, nous allons célébrer Dieu le Fils. Nous sommes chrétiens; ce que nous faisons n'a rien à voir avec le paganisme.

Il y a eu beaucoup d'échos de « oui » dans le public qui était d'accord avec l'évêque. L'évêque, en tant que chef des chrétiens, avait beaucoup d'influence et de respect parmi les frères. Ils le considéraient comme leur modèle.

Le Diacre, qui était l'ouvreur de l'événement, a pris la parole pour faire une suggestion.

DIACRE : Pourquoi ne pas le soumettre à un vote ? Il y a deux points ici : À) célébrer l'anniversaire de notre Seigneur. B) Célébrer en même temps que la fête du dieu soleil.

RÉVÉREND : L'idée de célébration est déjà acceptée par la majorité. Les deux idées devraient être : A) Célébrer en même temps que la fête existante. Ou B) choisir une période différente de l'année. Je voudrais ajouter que, à mon avis, célébrer en même temps que la fête existante du dieu soleil nous aidera à attirer la foule au christianisme. En conséquence, tout le monde adorera le même Dieu, notre Dieu.

La majorité de l'auditoire répondit : « Oui, faisons-le. » Ils ont soutenu le révérend, qui soutenait l'opinion de l'évêque.

Le prophète au milieu d'eux, qui parlait rarement à moins qu'il ne voie dans l'esprit le résultat futur d'une décision, s'est levé.

PROPHÈTE : Mes chers frères, prenez garde ! Prenez garde ! Je m'adresse à vous tous individuellement. Écoutez, et réfléchissez avant de voter. Je ne peux pas me taire ; je dois vous dire ce qui arrivera dans l'avenir si vous votez comme je vous vois voter. Voter en faveur de l'opinion sur le terrain nous fera regretter notre décision d'aujourd'hui. Le résultat que vous espérez ne sera pas celui qui se produira. En fait, au lieu que nous tirions le peuple des ténèbres en utilisant la célébration de l'anniversaire de notre Seigneur, il y aura un mélange des deux fêtes. Vous ne serez pas en mesure de les distinguer. De nombreux chrétiens seront entraînés à honorer les coutumes païennes, sciemment ou non. Nous pouvons éviter cela dès maintenant et nous concentrer sur notre mission : illuminer le monde avec la lumière de notre Sauveur. Le Seigneur a parlé. (Cela signifie que le prophète a parlé à partir d'une parole de révélation plutôt que d'une opinion personnelle, comme d'autres).

ÉVÊQUE : Mes frères dans le Seigneur, vous avez eu toutes les opinions exprimées. Je veux que vous vous souveniez d'une chose, transformer le monde entier en disciples du Christ, alors que nous célébrons notre Seigneur, Jésus-Christ. En votant, souvenez-vous des mots du Révérend. Nous invitons les païens à faire partie de notre famille, les disciples du Christ, les adorateurs du Dieu tout-puissant. Il sera facile pour eux de nous accepter de cette façon.

Le vote a eu lieu. Le 25 décembre de chaque année devint la date choisie pour célébrer l'arrivée de notre Seigneur sur la planète Terre, et ce jour fut appelé Noël.

Comment Célébrer Noël

Cette fête est basée sur l'objectif principal que nos ancêtres dans le Seigneur ont raisonné pour célébrer Noël : honorer la naissance de notre Seigneur, Jésus-Christ. Il n'y a rien de mal à cela. Cependant, ce qui est mauvais dans la célébration de Noël, c'est la réalité de ce que le Prophète a prophétisé. La pénétration des coutumes d'adoration du dieu soleil dans l'accolade de la célébration chrétienne de Noël s'est réalisée. Si votre célébration de Noël est basée sur le Père Noël, les rennes et les arbres de Noël, vous ne célébrez pas la naissance de Jésus-Christ, le Rédempteur.

Noël est consacré à notre Sauveur, le Messie qui est descendu pour nous racheter du péché. Il nous a rachetés de la main du diable et de ses agents.

Noël est l'anniversaire de l'Enfant Jésus, une occasion mémorable qui mérite d'être célébrée.

Noël est une fête joyeuse, un moment pour être plus gentil et plus aimant. C'est un moment pour répandre la bonne nouvelle de notre Sauveur, qui a été envoyée pour nous racheter, nous et notre héritage. Il a été envoyé pour ôter nos péchés et nous rendre la liberté en nous donnant la puissance et l'autorité nécessaires pour réduire à néant les efforts de notre ennemi, le diable. Tout ce qui précède constitue le « pourquoi » de Noël; la raison pour laquelle le monde célèbre Noël.

Pourquoi offrons-nous des cadeaux à Noël ?

Offrir des cadeaux est un symbole d'amour. Notre Père céleste Dieu a eu pitié de l'humanité et nous a fait grâce de son fils, Jésus-Christ. Par obéissance à son Père, et par son amour éminent pour l'humanité, il nous a fait un cadeau sacrificiel : il s'est laissé crucifier sur la croix pour payer la peine de mort qui nous était due.

Lorsque l'Enfant Jésus est né, des hommes riches et éminents venus d'Orient, connus sous le nom de « Mages », lui ont rendu visite avec des cadeaux d'anniversaire spéciaux.

Il est bon d'offrir des cadeaux à tout moment, mais il est particulièrement pieux d'être attentif, gentil et aimant envers les autres à Noël.

Noël est vraiment une période joyeuse de l'année.

Troisième Partie

Premier jour d'école après le nouvel an

Environ une semaine après le Nouvel An, les enfants sont retournés à l'école. Pendant l'heure du conte, l'enseignante principale de Praise, Mme Tate, a demandé à ses élèves d'écrire sur leur expérience de Noël. Praise a décidé d'écrire sur « Le Meilleur Cadeau de Tous Les Temps ».

Le lendemain, lorsqu'ils retournent à l'école, Mme Tate, avec toutes les lettres devant elle, s'adresse aux élèves :

« D'après tout ce que vous avez écrit dans vos devoirs, il semble que vous ayez tous passé un très bon et mémorable Noël, et que vous ayez reçu beaucoup de cadeaux aussi. En lisant vos histoires, j'ai trouvé une histoire qui m'a fait monter les larmes aux yeux. Elle m'a touché au plus profond de mon âme. Après avoir lu cette histoire particulière, une vision m'est apparue. Et après un moment de profonde méditation sur cette idée, j'ai été convaincu que cela valait la peine d'être fait, pour magnifier le nom de notre Seigneur ».

Les yeux des élèves étaient rivés sur elle alors qu'ils se demandaient de quelle histoire elle parlait.

Mme Tate poursuivit : « Si nous menons tous cette croisade en équipe, je vous parie que nous pourrons vendre l'idée à toute l'école, et qui sait…? »

Elle s'est arrêtée un instant pour regarder chacun d'entre eux, puis a dit : « Cependant, avant d'aller plus loin, j'aimerais interroger l'auteur de cette histoire. En fait, nous pouvons le faire maintenant, ensemble. Ainsi, après l'entretien, nous déciderons tous de la manière dont nous allons réaliser l'événement. Praise, tu peux venir ici ? »

Alors que Praise se levait, Mme Tate a demandé à la classe de lui donner un applaudissement chaleureux, comme le veut la tradition de leur classe. On a demandé à Praise de lire son essai à la classe, et elle l'a fait. Toute la classe était émerveillée !

Les élèves, les camarades de Praise, lui ont posé de nombreuses questions sur son essai, et elle a répondu avec enthousiasme à toutes leurs questions, jusqu'à ce que Mme Tate doive interrompre la séance. Ensuite, Mme Tate a partagé sa merveilleuse idée d'une croisade, une idée générée par l'histoire de Praise. Les enfants ont approuvé à l'unisson. Par conséquent, sans perdre de temps, ils ont commencé à rassembler des points, ou des idées. Ils ont élaboré des stratégies sur la manière de poursuivre la croisade et de vendre l'idée à tous les élèves de leur école, École élémentaire du Sunshine, et à l'ensemble du personnel.

Alors qu'ils terminaient leur réunion, Praise a demandé à l'enseignante s'ils pouvaient inviter Dieu, compte tenu de ce qu'ils prévoyaient d'entreprendre. Mme Tate leur a demandé de se rassembler en cercle et de se tenir les mains, et l'un des élèves les a guidés dans la prière. Les enfants ont été congédiés et sont sortis en courant, excité; ils ne pouvaient pas attendre le lendemain pour mettre en œuvre tout ce dont ils avaient discuté, pour concrétiser leurs idées.

La Croisade

Le thème de la croisade : Découvrir la vérité sur Noël

Slogan : Connaître la vérité, croire la vérité et vivre dans la vérité !

Jésus-Christ, le Sauveur vivant, est la Vérité.

Les élèves ont fait campagne pour leurs idées dans toute l'école. Ils ont d'abord rédigé un mémorandum sur la façon de célébrer le Vendredi saint, Pâques et Noël : n'exalter rien ni personne d'autre que le Sauveur vivant. Au fur et à mesure que la nouvelle se répandait dans l'école, toute la population de l'école élémentaire du Sunshine adhérait à l'idée, qui avait vu le jour dans la classe de Mme Tate. La première célébration à venir fut celle de Pâques. La direction de l'école a préparé une grande croix à dresser de manière indépendante près de l'entrée de la salle de réunion.

Ils ont transformé la salle de réunion en un temple de prière. Ils ont placé une croix plus petite derrière l'autel à l'intérieur du temple, et ils ont fait une belle chaire. La croix à l'extérieur avait une longue pièce de lin blanc, qui signifiait la résurrection, c'est-à-dire : « Le Sauveur vit. »

Sur la grande croix, des trous étaient faits pour que les gens puissent y déposer leurs demandes de prière de façon anonyme. En outre, ils pouvaient mettre leurs notes de gratitude envers le Seigneur, pour « le don de la grâce à l'humanité. »

Le Vendredi saint, qu'ils appelaient Vendredi de Louange, était déclaré jour de jeûne et de prière pour tous les citoyens de l'école élémentaire Sunshine et les parents qui voulaient bien se joindre à eux. De plus, les jeudis et les vendredis étaient des jours de dons : les gens pouvaient donner de la nourriture, des vêtements, des livres, des jouets, des bibles, de l'argent, etc. pour les pauvres et les moins privilégiés.

Le vendredi de louange, du matin à midi, il y avait un temps de louange et d'adoration dans la chapelle. Ils ont rompu le jeûne à midi et ont fait une pause d'une heure. Ensuite, de 13 heures jusqu'à l'heure de fermeture normale à 15 heures, ils ont préparé des paquets à distribuer aux familles et aux sans-abri de leur communauté. À leur retour le lundi, le « jour de la bonne nouvelle », les citoyens de Sunshine ont été divisés en groupes, comme des disciples, pour aller partager la bonne nouvelle avec les gens, en proclamant le Sauveur ressuscité.

Ils ont expliqué aux gens pourquoi Jésus était venu porter nos péchés, afin que nous puissions recevoir le salut. Ils ont enseignaient que celui qui accepte et croit que Jésus est le Fils de Dieu, qui est venu enlever les péchés de ce monde, pour racheter les enfants de Dieu des mains du diable, sera sauvé et recevra la vie éternelle.

Tandis que les disciples répandaient la bonne nouvelle d'un Sauveur vivant et du salut, les Dorcas et les bons Des groupes samaritains se sont mis à partager les cadeaux et à visiter les malades dans les hôpitaux.

Les groupes de choristes se sont rendus dans les centres commerciaux pour chanter, faisant savoir aux gens du monde entier que le Roi des rois et le Seigneur des seigneurs étaient bel et bien ressuscité. « Le Fils de Dieu est vivant. Venez recevoir la grâce de Dieu, la vérité et la lumière. Venez et buvez à la fontaine de la sainteté. Celui qui boit l'eau de la sainteté n'aura plus jamais soif et vivra éternellement. »

Une fois ces tâches accomplies, tout le monde s'est retrouvé dans les locaux de l'école à 14 heures. Ils se sont à nouveau réunis pour louer, adorer, partager des témoignages et priés, en remerciant Dieu pour sa bonté. Et c'est ainsi que les citoyens de Sunshine ont célébré leur Vendredi saint et leur Pâque. C'est devenu une tradition que les enfants attendaient avec impatience chaque année.

Noël

Le Noël suivant, pendant la période normale où l'école élémentaire Sunshine organisait ses activités de Noël, tout était resté pareil. Cependant, leurs activités avaient été améliorées pour mettre en valeur le thème de la Fondation Praise : **« Donner de l'espoir aux enfants de Dieu »**.

La semaine de la célébration de Noël de l'école primaire Sunshine, tout comme la semaine de Pâques, les gens ont fait don de toutes sortes d'articles pour les cadeaux, qu'ils soient alimentaires ou non.

En groupes, ils sont allés parler au monde de l'Enfant Jésus, couché dans une crèche, né de la vierge Marie. « Un Sauveur qui est venu comme un bébé, et qui a été crucifié pour sauver le monde, qui est ressuscité et qui est allé au ciel pour préparer notre maison éternelle. Il reviendra pour récolter ce monde, et tous ceux qui croient en son nom ne mourront jamais, mais vivront éternellement. »

L'école primaire Sunshine a toujours organisé son chant de Noël au centre commercial. Cependant, au lieu que les enfants s'assoient sur les genoux du Père Noël pour demander des cadeaux, le groupe de l'ange de l'amour et les groupes de Dorcas et du bon Samaritain ont collecté les dons des particuliers et des entreprises pour les distribuer ensuite aux nécessiteux. Les rois mages ont également offert des cadeaux aux enfants de leur entourage.

Pendant que le groupe de choristes chantait, les gens se sont rassemblés dans l'arène du centre commercial. Praise a raconté son histoire du « meilleur cadeau » du Noël précédent, et d'autres personnes ont témoigné de la bonté du Seigneur.

L'histoire de Praise a donné naissance à ce mouvement à l'école primaire Sunshine. Le mouvement s'est développé pour devenir la Fondation Praise, une fondation qui apporte de l'espoir aux orphelins, aux enfants qui ont perdu un de leurs parents ou un être cher. La fondation a apporté de l'espoir aux enfants moins privilégiés et aux veuves.

Après son école primaire, Praise a étendu la fondation à toutes les écoles qu'elle a fréquentées, au collège, au lycée et à l'université. En outre, le nouveau mode de vie de l'école primaire Sunshine s'est répandu et étendu dans tout l'État et au-delà. En vérité, notre Dieu parle encore aujourd'hui.

Aujourd'hui, Praise voyage dans le monde entier, partageant son histoire de « Le meilleur cadeau de tous les temps : Une lettre de Dieu à Noël ». Grâce à son message d'un Sauveur vivant, les cœurs brisés sont guéris, les désespérés reprennent espoir. Les faibles sont ranimés, et les âmes sont sauvées au nom de Jésus-Christ. Tous les miracles et les merveilles sont accomplis et reçus à la gloire de Dieu. Alléluia ! Amen.

Leçons morales de cette histoire

- Lorsque Dieu vous impressionne avec un message, n'hésitez pas à le poursuivre, car des vies peuvent être en jeu. Ne vous asseyez pas dessus; le message n'est pas seulement pour vous, il est pour d'autres, et leur vie peut dépendre du fait que vous leur donniez le message.

- Il est avantageux pour les parents d'enseigner la Vérité à leurs enfants dès le début de leur vie; au fur et à mesure qu'ils grandissent, elle sera ancrée dans leur système de croyances, ce qui se reflétera dans leur caractère.

- Enfants, aimez-vous et respectez les uns les autres; surtout, aimez et respectez vos parents à tout moment.

- Ne célébrez rien ou ne participez pas à un festival sans connaître les faits qui l'entourent. Étudiez pour connaître la vérité derrière les faits de la vie avant de vous y adonner.

- La leçon la plus importante de toutes est de savoir identifier la voix de Dieu. Praise a été capable de différencier et d'identifier la voix de Dieu. De plus, même si le messager ressemblait à son défunt père, elle savait que ce n'était pas lui, car elle avait été enracinée dans la parole de Dieu dès son plus jeune âge. Elle savait aussi que le messager n'était pas non plus un diable.

- De plus, elle savait que le messager qui lui apportait son cadeau était un ange de Dieu. Il faut avoir une relation avec Dieu à travers le Christ Jésus pour connaître et comprendre les choses de Dieu.

En conclusion, si votre célébration de Noël se concentre et se focalise sur le Père Noël, les arbres de Noël et les rennes, vous ne célébrez pas le Fils de Dieu, qui est descendu pour devenir le fils de l'homme, afin que vous et moi puissions vivre éternellement. Vous ne célébrez en aucun cas ce don spécial de Dieu à l'humanité.

Il est vital d'avoir une bonne et honnête relation avec Dieu par l'intermédiaire de son fils, notre Seigneur et Sauveur, Jésus-Christ. En lui, nous avons la grâce, la faveur non méritée de Dieu, qui rachète tous ceux qui croient et mettent leur confiance en Jésus-Christ, par lequel nous sommes sauvés dans la vie éternelle. Alléluia !

Continuez à chercher la vérité sur Dieu ; utilisez la connaissance et la sagesse que Dieu vous a données pour partager la bonne nouvelle de sa bonté avec le monde. Soyez un porte-parole de Dieu, et continuez à témoigner de sa grâce étonnante, bénissant ses enfants en son saint nom. Il n'y a pas de limite d'âge dans l'évangélisation. Que vous puissiez toujours tenir ferme, pour Jésus. Amen.

***19** Allez, faites de toutes les nations des disciples, les baptisant au nom du Père, du Fils et du Saint-Esprit :*

***20** et enseignez-leur à observer tout ce que je vous ai prescrit. Et voici, je suis avec vous tous les jours, jusqu'à la fin du monde.*

Matthieu 28:19-20 KJV

Une missive de l'auteur

Mes chers lecteurs,

Salutations ! Au nom de notre Seigneur, Jésus-Christ. Je vous remercie d'avoir choisi de lire ce livre, Le meilleur cadeau de tous les temps. J'espère que ce livre a été une bénédiction pour vous, comme il l'a été pour moi en l'écrivant. J'espère que l'histoire de la petite Praise a apporté du réconfort à votre cœur, et qu'elle vous a également inspiré à partager cette histoire et le message de la BONNE NOUVELLE, l'histoire de notre Roi Messie, à toutes les personnes à votre portée. L'histoire de la « bonne nouvelle » est une histoire de vie éternelle par le salut, qui provient d'une faveur non méritée que nous accorde notre Dieu miséricordieux, sous forme de grâce. La grâce de Dieu nous est parvenue par l'intermédiaire d'un bébé royal destiné à devenir le roi du monde, qui régnerait pour toujours. Pourtant, il a vécu comme un homme ordinaire, qui a ensuite donné sa vie pour la vie de ses citoyens. La naissance de Jésus-Christ nous a apporté l'espoir de la vie éternelle. Il vit, car il a ressuscité de la mort, alors nos proches qui sont décédés seront aussi ressuscités à son retour. Alléluia !

Noël est une période festive où nous célébrons la naissance de notre Sauveur, Rédempteur-Roi, notre Seigneur, Jésus-Christ. Je ne peux m'empêcher de m'interroger sur les sentiments mitigés que cette célébration de Noël va susciter. Évidemment, nous devons célébrer la vie. Nous devons être reconnaissants envers Dieu pour avoir préservé nos vies jusqu'à ce moment, et pour sa providence.

Cependant, je veux aussi me souvenir des familles qui ont perdu leurs proches, morts à la suite de l'attaque vicieuse de la race humaine par l'ennemi invisible, la pandémie de COVID-19 qui fait rage.

Je suis de tout cœur avec les familles qui sont endeuillées par cette pandémie de COVID-19. J'ai également de l'empathie pour tous les enfants qui ont perdu un être cher, en particulier leurs parents, à tout moment. En expliquant la douleur de la mort dans mon livre, MY PLEDGE !, j'ai déclaré à juste titre : « La douleur de la perte d'un parent, quel que soit l'âge, est un sentiment qui laisse un grand trou dans le cœur. Un trou qui, avec le temps, peut se cicatriser, mais ne peut jamais être refermé. » Le concept de la mort est difficile à comprendre dans l'esprit des enfants, comme il est difficile à expliquer par les adultes.

J'ai écrit ce livre, *Le Meilleur Cadeau de Tous les Temps*, d'abord en tant que bien-aimé et disciple du Seigneur, Jésus-Christ, et ensuite en tant que personne qui a connu la douleur de la mort (la mort parentale) à un âge précoce. Le sentiment de perdre un être cher à un jeune âge ne m'est pas étranger. Par conséquent, je me sens obligé de partager et d'encourager les enfants du monde entier à comprendre un sujet qui semble inexplicable.

En définitive, rappelez-vous que Jésus a été envoyé sur Terre pour nous racheter. Il a été crucifié pour vaincre la mort. Par conséquent, la mort n'a plus aucun pouvoir sur nous, les enfants de Dieu. Nous sommes victorieux. Nous avons l'espoir de revoir nos proches au retour de notre Seigneur, Jésus-Christ.

Alors, faites la fête ! Profitez de votre fête de Noël comme des gens d'espérance. Tout va bien pour vous, car Jésus vous aime.

Si vous avez des questions, ou si vous avez besoin de conseils, n'hésitez pas à me contacter à l'adresse électronique indiquée dans le livre, ou par d'autres moyens. J'ai des services de conseil gratuits pour les jeunes enfants, dans le cadre de mes services ministériels à l'humanité, en tant qu'évangéliste.

Encore une fois, je vous remercie d'avoir acheté et lu ce livre, et de partager le message de la Bonne Nouvelle avec d'autres. Avec amour, de mon cœur au vôtre.

Signé :
Fyne C. Ogonor, l'auteur.

Questions

1. Quel est notre héritage ?
2. Quel est le don spécial de Dieu à l'humanité ?
3. Que produit le don de Dieu à l'humanité ?
4. (A) Quel est le symbole du meilleur cadeau de tous les temps ?
   (B) Expliquez le symbole du meilleur cadeau jamais offert selon ce livre.
5. (A) Citez 5 points d'enseignement dans ce livre.
   (B) Expliquez comment chaque point d'enseignement vous a aidé.
6. Qu'est-ce que l'homme a reçu du don de Dieu le Père ?
7. Quel est le don que Dieu le Fils a fait à l'homme ?
8. Quelle est la signification de la GRÂCE ?
9. Rédigez un résumé d'au moins une page de ce que vous avez appris de cette histoire, Le meilleur cadeau qui soit.
10. (a) Quel était le sujet de la croisade ?
    (b) Mme Tate et les élèves de sa classe ont-ils atteint leur objectif ? Expliquez :

À propos de l'auteur

L'évangéliste Fyne C. Ogonor est une femme en mission : Envoyer « le message de la bonne nouvelle », un message d'espoir, aux enfants de Dieu du monde entier. Ses autres livres comprennent « My Pledge ! : The Power of Prayer; A Moving Train; Series of Baby Eagle and The Chicks; et Discover Your Coat of Many Colors: You Were Born to Be Significant'.

L'auteur, Fyne Ogonor, est un entrepreneur chevronné, un éducateur, un conférencier inspirant et motivant, un philanthrope, un consultant en affaires et un conseiller spirituel. Elle est également poète et auteur de chansons. Son amour pour Jésus se reflète dans ses textes musicaux et sa poésie.

NOTE : Pour des prières et des conseils, écrivez à holymountoutreachm@gmail.com.

Autres livres de l'auteur

www.ingramcontent.com/pod-product-compliance
Lightning Source LLC
Chambersburg PA
CBHW052114110526
44592CB00013B/1612